BEI GRIN MACHT SICH IHR WISSEN BEZAHLT

AF125134

- Wir veröffentlichen Ihre Hausarbeit,
  Bachelor- und Masterarbeit

- Ihr eigenes eBook und Buch -
  weltweit in allen wichtigen Shops

- Verdienen Sie an jedem Verkauf

Jetzt bei www.GRIN.com hochladen und kostenlos publizieren

Bibliografische Information der Deutschen Nationalbibliothek:

Die Deutsche Bibliothek verzeichnet diese Publikation in der Deutschen National-
bibliografie; detaillierte bibliografische Daten sind im Internet über http://dnb.d-
nb.de/ abrufbar.

Impressum:

Copyright © 2018 GRIN Verlag
Druck und Bindung: Books on Demand GmbH, Norderstedt Germany
ISBN: 9783668860049

Dieses Buch bei GRIN:

https://www.grin.com/document/455399

Christine Mitsch

Banking via Handy. Akzeptanz altersgruppenspezifisch?

GRIN Verlag

GRIN - Your knowledge has value

Der GRIN Verlag publiziert seit 1998 wissenschaftliche Arbeiten von Studenten, Hochschullehrern und anderen Akademikern als eBook und gedrucktes Buch. Die Verlagswebsite www.grin.com ist die ideale Plattform zur Veröffentlichung von Hausarbeiten, Abschlussarbeiten, wissenschaftlichen Aufsätzen, Dissertationen und Fachbüchern.

Besuchen Sie uns im Internet:

http://www.grin.com/

http://www.facebook.com/grincom

http://www.twitter.com/grin_com

Wahrnehmungs- und Medienpsychologie

Banking via Handy: Akzeptanz altersgruppenspezifisch?

Christine Mitsch

Inhaltsverzeichnis

1 Einleitung

Wir leben in einer fast vollständig digitalisierten Welt. Ob studieren, einkaufen, spielen, kommunizieren, Bücher lesen, Musik hören, Filme und Serien streamen: heute kann so gut wie alles online abgewickelt werden und ist mittels mobiler Endgeräte wie Smartphones oder Tablets von überall zu tätigen. Auch Banken setzen auf den Trend der Digitalisierung und bieten den Kunden Online-Banking zum Abwickeln von Zahlungs- oder Wertpapiergeschäften. Doch springen auch alle Kunden auf den Zug der Digitalisierung der Bankenwelt mit auf oder gibt es Unterschiede in der Nutzung von mobilem Banking? Zeigen sich Auffälligkeiten, wenn man versucht, den Kundenstamm in Gruppen zu zerlegen? Was sind die Chancen des mobilen Bankings und wo liegen die Zweifel der Kunden begraben?

In den letzten 10 Jahren stieg die Nutzung von Smartphones deutlich an. So nutzen heute bereits 57 Millionen Menschen in Deutschland ein Smartphone (Haas, 2018). An diesen Trend passt sich der Finanzmarkt stetig an. Der Fokus richtet sich auf Online- und Mobile-Banking, was sich in der Gestaltung der Websites und der Zielgruppenausrichtung zeigt. Kaum eine Bank auf dem deutschen Finanzmarkt setzt heutzutage nicht auf Online-Banking. Mit kostenlosen Girokonten, Neukunden-Boni und Kontowechsel-Aktionen locken die Online-Banken ihre Kunden. Videolegitimation und die digitale Unterschrift ermöglichen eine Eröffnung des meist kostenlosen Girokontos im Nu (**Fehler! Verweisquelle konnte nicht gefunden werden.**). Und doch nutzen die meisten einen Laptop oder Desktop-PC für das Online-Banking, anstatt zum Handy zu greifen (Meinecke & Carius, 2017). Dabei ist es allerdings wichtig zu wissen, ob die Statistik auf die anzusprechende Zielgruppe abgebildet werden kann. Diese setzt sich sowohl aus Alter, als auch aus Bildung, Kultur und Status der Person zusammen, wobei der Aspekt des Alters bei der Nutzung von mobilem Banking in dieser Arbeit in den Fokus rückt und hinterfragt wird. Möglicherweise spielen gewisse Einflussfaktoren, die auf den Kundenstamm der Banken mit Online-Banking einwirken, auf

Abbildung 1: Kostenloses Girokonto der Sparda-Bank Nürnberg eG (Sparda-Bank Nürnberg eG, 2018)

verschiedene Arten eine Rolle bei der Wahl des Endgeräts und der Entscheidung zum mobilen Banking. Dazu zählen diverse Rahmenbedingungen, medienpsychologische Aspekte wie die emotionale Gestaltung der Anwendung und des Angebots, sowie technische Aspekte wie die Erreichbarkeit, Vorteile von bankeigenen und Stand-Alone Apps und die Sicherheit des mobilen Bankings.

2 Definition und Abgrenzung

Der Begriff *Banking* stammt aus dem Englischen und ist mittlerweile auch im deutschen Sprachgebrauch fest verankert (Duden online, o. J.). Dem Banking werden die Bedeutungen Bankwesen, Bankverkehr und Bankgeschäfte zugeschrieben und umfasst damit den gesamten Zahlungsverkehr, Wertpapier- und Kreditgeschäfte eines Kreditinstituts. Mobiles Banking ist ein Geschäftsfeld des Mobile-Commerce, also der Abwicklung von Geschäften mittels eines mobilen Endgeräts und elektronischer Kommunikationsnetze (Kollmann & Sjurts, 2018). Es stellt eine Variante des Bankings dar, wobei Bankgeschäfte hierbei räumlich unabhängig auf mobilen Endgeräten, wie z.B. klassische Mobiltelefone, Smartphones oder Tablets, abgewickelt werden können. Eine frühe und derzeit nur noch selten aktive Form des mobilen Bankings besteht daraus, per SMS eine Überweisung zu tätigen (SBM Bank Maurlllus, 2017). Dabei ist mobiles Banking, oder auch Mobile-Banking, *M-Banking oder mBanking*, vom Begriff *Mobile-Payment* abzugrenzen (Abbildung 2), bei welchem mit Hilfe des Smartphones in Zusammenhang mit der NFC-Technologie am Kartenlesegerät bargeldlos bezahlt werden kann (Metzger, 2018). Aufgrund der starken Popularität von Smartphones und Tablets setzt mobiles Banking mittlerweile voraus, dass das jeweilige Geldinstitut die Möglichkeit zum Online-Banking anbietet. Die Kunden können sich online auf der Website oder über die bankeigene App mit Kundennummer, ID oder Kontonummer einloggen und anschließend ihre Konten einsehen, verwalten und Zahlungsgeschäfte, sowie Wertpapierhandel und Kreditgeschäfte vollziehen. Des Weiteren bieten Kreditinstitute auch online Communities und Foren an, um sich mit anderen Kunden auszutauschen oder sich Wissen über Blogs und Webinare anzueignen (Consorsbank, 2018). Aus dem Grund des „barrierefreien" Bankings existieren mittlerweile neben den regionalen und Volksbanken (Filialbanken) auch reine Online-Banken, sogenannte Direktbanken ohne eigene Filialen, die sich lediglich auf ihren Webauftritt beschränken.

Christine Mitsch   Wahrnehmungs- und Medienpsychologie
Fachhochschule Lübeck
„Banking via Handy: Akzeptanz altersgruppenspezifisch?"   Sommersemester 2018

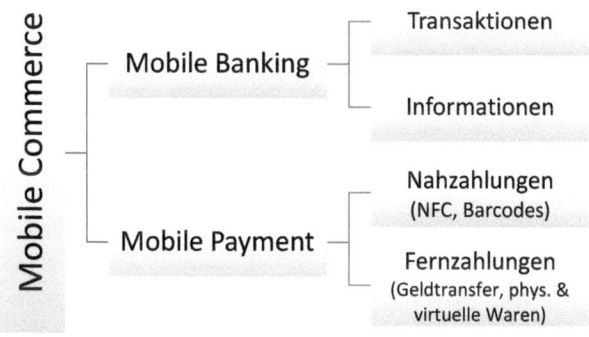

Abbildung 2: Mobile Commerce und Unterarten

3 Faktoren zur Nutzung von mobilem Banking

Der Aspekt der Barrierefreiheit steht bei der Nutzung von mobilem Banking im Fokus. Eine Überweisung muss nicht mehr persönlich in der Bankfiliale eingeworfen oder abgegeben werden, sondern kann mittels mobilem Banking und einem kompatiblen Endgerät gemütlich von zu Hause oder unterwegs Tag und Nacht getätigt werden. Wie sehen die Rahmenbedingungen für die einwandfreie Nutzung aus und unter welchen Aspekten sollten sich die Kunden für eine Nutzung am Handy entscheiden, bevor sie den Weg zu ihrer Bank antreten? Was bieten die Kreditinstitute den Kunden an und welche Möglichkeiten gibt es unabhängig von der eigenen Bank? Und was wird in Sachen Sicherheit geboten?

3.1 Rahmenbedingungen

Je nach Art des mobilen Bankings gelten verschiedene Rahmenbedingungen für die Nutzung. So kann mobiles Banking durch Telefonanrufe oder SMS über ein klassisches Mobiltelefon stattfinden. Es kann aber auch mittels eines internetfähigen Geräts wie Smartphone, Tablet, Smartwatch oder Notebook komplett online über den Online-Banking-Zugang zum Konto des Kunden durchgeführt werden. Je nachdem, was der Nutzer des Online-Bankings tätigen möchte, kann auch die Kamerafunktion des Handys oder des Tablets als Voraussetzung gelten, wie beispielsweise bei der Videolegitimation bei der Girokontoeröffnung oder bei Foto-Überweisungen.

Weitere Rahmenbedingungen ergeben sich mit Hinblick auf die Persönlichkeit des Kunden, wie beispielsweise eine gewisse Affinität zu technischen Geräten und Internetbedienbarkeit.

Christine Mitsch   Wahrnehmungs- und Medienpsychologie
Fachhochschule Lübeck
„Banking via Handy: Akzeptanz altersgruppenspezifisch?"   Sommersemester 2018

Auf der Seite der Bank muss der FinTS-Standard unterstützt werden. FinTS steht laut deren Website für *Financial Transaction Services* und entstand aus dem *Homebanking Computer Interface* (HBCI), der 1996 von der Deutschen Kreditwirtschaft entwickelt wurde. Dieser Standard bildet eine Vereinheitlichung der Schnittstelle zwischen Bankkunde und Kreditinstitut und dient der Fähigkeit zum Multibanking. Dieser Standard dient der Kommunikation zwischen intelligenten Kundensystemen und Bankrechnern zur Durchführung von Transaktionen. Per PIN/TAN-Verfahren wird die Kommunikation abgesichert. PIN steht für die *persönliche Identifikations-Nummer* und TAN für eine einmalig gültige *Transaktionsnummer*. Mehr zum Thema Sicherheit wird in einem der folgenden Kapiteln näher beleuchtet. Derzeit wird FinTS von mehr als 2000 Kreditinstituten unterstützt und bietet dem Kunden eine gute Möglichkeit, um aus einer Vielzahl an Produkten wählen zu können. (SIZ GmbH, 2018)

3.2 Apps und responsives Webdesign

Diverse Apps sind derzeit auf dem Markt unterwegs, die es dem Kunden ermöglichen, sein Konto mit der App zu verbinden und darin all seine Zahlungsströme nachzuverfolgen. Dabei bieten nicht nur die Banken selbst Apps für den besseren Zugriff auf das bankinterne Konto über das Smartphone an, auch Startups bringen Anwendungen zum Multibanking in die App Stores, wie z.B. Numbrs oder finanzblick. Bei diesen kann der Kunde all seine Konten von verschiedenen Banken synchronisieren und gesammelt darauf zugreifen, ohne sich auf den Websites der Banken jedes Mal neu einloggen zu müssen.

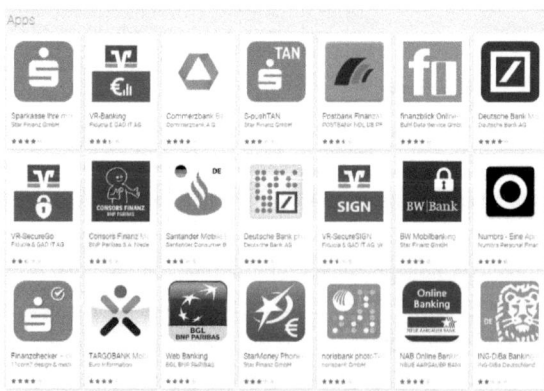

Abbildung 3: Google Playstore mit Online-Banking-Apps

In Anbetracht einer Studie von 2011 (Bank of Scotland, 2011) gaben 37% der Befragten aus Deutschland an, dass sie bei zwei Banken Kunde sind. Weitere 25% haben Konten bei mehr als zwei Banken und 35% bei lediglich einer Bank. In der Annahme dessen, dass diese Kunden Online-Banking nutzen, müssten also statistisch gesehen eine Mehrheit der Kunden auf zwei oder mehr Online-Banking-Accounts zugreifen. Daher stellt eine Nutzung von Multibanking-Apps eine sinnvolle Alternative zum klassischen Banking dar und begünstigt die Unabhängigkeit der Kunden von den Kreditinstituten, sowie die Mobilität.

Responsives Webdesign stellt weiterhin einen wichtigen Faktor in der Nutzung dar. Dabei handelt es sich um eine Technik der Webseitengestaltung, die es ermöglicht, Inhalte einheitlich auf verschiedene Endgeräte anzuzeigen und sich flexibel anzupassen. Möchte ein Kunde nicht extra eine App installieren, kann er über die Website der Bank auf seinen Online-Banking-Account zugreifen. Dabei ist es wichtig, dass die Bank über mobiles, responsives Webdesign verfügt und dem Kunden so eine leichtere Bedienbarkeit ermöglicht. Hierbei ist die Performance der Website relevant, da sie die wichtigsten Informationen schnell liefern kann, ohne die Kunden dazu zwingen zu müssen, zuerst große Inhalte, wie Bilder herunterladen zu müssen. Dadurch kann die Mobilität des Kunden gewährleistet werden.

3.3 Sicherheit

Den TAN-Generator oder ausgedruckte Listen mit TANs mit sich zu tragen hebelt den eigentlichen Nutzen des mobilen Bankings aus und ist sowohl aus Kunden- als auch aus Bankensicht sehr aufwändig und umständlich. Aus diesem Grund führten Banken das PIN/TAN-Sicherheitsverfahren ein. In den ersten Jahren tauchte dieses System meist als browserbasierte Java-Applet-Lösungen auf, was jedoch als sehr unhandlich und nicht benutzerfreundlich galt (SIZ GmbH, 2018). Mittlerweile bieten Banken für Online-Banking das SMS-TAN- oder mTAN-Verfahren an, bei dem die Kunden bei der Überweisung oder Erstellung diverser Zahlungsgeschäfte eine TAN auf ihr Handy zugeschickt bekommen, die sie weiterhin im online Prozess eintragen, um diesen gesichert abschließen zu können.

Zahlreiche aktuelle Artikel beteuern allerdings die Unsicherheit von Banking-Apps. Das ist nachvollziehbar, betrachtet man die äußerst kreativen Auslegungen der 2-Faktor-Authentifizierung (Haupert, 2018). So besteht ein gewisses Sicherheitsrisiko bei zwei Apps (Banking- und Secure-TAN-App) auf demselben Gerät. Wird dieses gehackt, verloren oder gestohlen, besteht im schlimmsten Fall die Gefahr einen finanziellen Schaden zu erleiden.

3.4 Medienpsychologische Aspekte der Akzeptanz

Heute nutzen etwa 76% der befragten Nutzer Online-Banking, was sich in den letzten vier Jahren um 8% gesteigert hat. Die Angebote, die dabei genutzt werden sind zum größten Teil die Überprüfung des Kontostandes und die Verwaltung des Zahlungsverkehrs, wie Überweisungen tätigen und Daueraufträge einrichten und verwalten. Dabei geben ganze 58% der Online-Banking-Nutzer als Grund ihrer Nutzung Spaß an. Die Befragten, die hingegen kein Online-Banking nutzen geben zu 54% die Kompliziertheit der Nutzung an, die sie daran hindert Online-Banking zu nutzen. (Berg, 2018)

Diese Faktoren, die Einfluss auf die Nutzung von mobilem Banking haben, werden in diesem Kapitel unter einer medienpsychologischen Perspektive näher beleuchtet.

Medienpsychologie beschäftigt sich mit dem Verhalten und Erleben im Umgang mit Medien. Im Laufe der Zeit verändern sich durch immer neuere Innovationen aus dem Medientechnikbereich der Fokus der Medienpsychologie. Um dabei die Akzeptanz der jeweiligen Individuen gegenüber technologischer Innovationen unter verschiedenen Einflussfaktoren zu messen und wissenschaftlich belegen zu können, wurden verschiedene Modelle entwickelt.

Der Begriff Akzeptanz bezeichnet die Bereitschaft, etwas zu akzeptieren. Als Synonyme dafür werden Annehmen, Anerkennen oder Einwilligung genannt (Duden online, o .l) Der Begriff umfasst weiterhin drei Akzeptanzdimensionen: Akzeptanzsubjekt, -objekt und -kontext. Das bedeutet, dass jemand etwas innerhalb einer Rahmen- oder Ausgangsbedingung akzeptiert (Schäfer & Keppler, 2013). Im Zusammenhang mit der Nutzung von Technik stellt diese das Akzeptanzobjekt und der Nutzer das Akzeptanzsubjekt dar. Dabei variiert jedoch der Akzeptanzkontext je nach sozialem und kulturellem Umfeld. Eine Grafik zu den verschiedenen Stufen der Akzeptanz bzw. Ablehnung wurde von (Sauer, Luz, Suda, & Weiland, 2005) im Rahmen eines Abschlussberichts zu eigens durchgeführten Studien entwickelt (Abbildung 4).

Stufe 1	Stufe 2	Stufe 3	Stufe 4
Aktive Gegnerschaft	Ablehnung	Zwiespalt	Gleichgültigkeit
Stufe 5	Stufe 6	Stufe 7	Stufe 8
Duldung	Konditionale Akzeptanz	Zustimmung	Engagement

Abbildung 4: Ablehnungs-, bzw. Akzeptanz-Stufen

Weiterhin spielen bestimmte Faktoren bei der Begünstigung der Akzeptanz eine Rolle, welche sich zum Beispiel aus materiellen und finanziellen Aspekten, Aufwand für den Nutzer oder eigene Interessen und Werte zusammensetzen. Aspekte, die sich auf das Akzeptanzsubjekt, also den Nutzer eines mobilen Endgeräts zum mobilen Banking beziehen, können sowohl persönliche Einstellung, Normen und Werte, Emotionen (Affekte) als auch soziodemografische Faktoren wie Geschlecht, soziale Klasse, Bildung, Beruf und das Alter sein (Schäfer & Keppler, 2013).

So gesehen spielt also die emotionale Bindung, Gefühle und Einstellungen zur Technik eine starke Rolle. Diese kann durch unterschiedliche Einflüsse der Umwelt begünstigt oder eingedämmt werden, wie beispielsweise Soziale Medien, Berichte in Print- oder Fernsehmedien oder durch Erfahrungen der Nutzer und ihr Vorwissen.

Auf das Objekt bezogene Aspekte können die Kosten und Nutzen des Einsatzes eines Handys sein. Dieses kann sich beispielsweise in finanziellem Hinblick auf den Mobilfunkanbieter oder aber das Gerät selbst beziehen. Auch der Aufwand, der zur Aneignung des Umgangs mit dem Handy, der Banking-App oder dem Online-Banking dient, spielt eine Rolle dabei. Der Aspekt der Sicherheit und Zuverlässigkeit der Technik kann je nach Nutzer sowohl begünstigend, als auch benachteiligend wirken.

Weitere Aspekte, welche zur Nutzung von mobilem Banking bewegen können, sind Usability (Benutzbarkeit) und die User Experience (Benutzererlebnis), sowie die Gestaltung und der Aufbau der App oder der Website.

Zur Messung der Akzeptanz von Technologien wurde das sogenannte *Technology Acceptance Model* (TAM) entwickelt (Davis, 1985). Dieses Modell soll aussagen, warum eine Person eine Technologie nutzt oder nicht. Es beschreibt den Prozess beginnend mit Einflussfaktoren zu der Wahrnehmung von Spaß, Benutzerfreundlichkeit und Nützlichkeit auf die Einstellung der Nutzer gegenüber der Technologie, über die Nutzungsabsicht bis hin zur tatsächlichen Nutzung (Abbildung 5). Dabei beschreibt die Nützlichkeit beispielsweise die Erwartungshaltung der Nutzer bezüglich der Leistung an das mobile Banking per Handy. Diese Leistungen können die uneingeschränkte Barrierefreiheit in Form von Mobilität und Unabhängigkeit der Nutzer umfassen. Die Benutzerfreundlichkeit wird über den Aufwand und den Schwierigkeitsgrad der Nutzung erfasst. Des Weiteren spielt bei der Nutzung des Handys Freude und Spaß eine große Rolle. Dies hat Auswirkungen sowohl bei der Freude über spannende Innovationen und mögliche Gamification der App oder Website, als auch durch die Selbstdarstellung der Nutzer im sozialen Umfeld (Königstorfer, 2008).

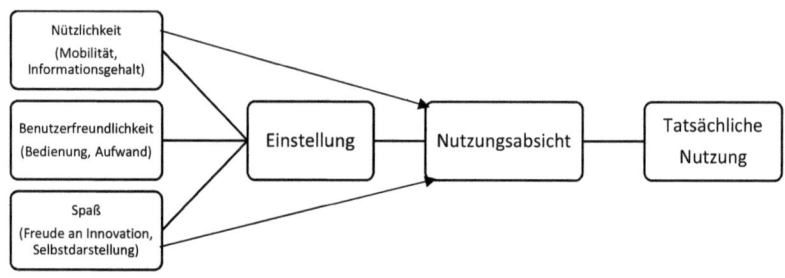

Abbildung 5: Technology Acceptance Model nach Davis, 1985

4 Soziodemografische Faktoren

Die Faktoren, um mobiles Banking zu nutzen sind nun bekannt. Besonders soziodemografische Faktoren, wie Alter, Geschlecht und Bildung, sollen im folgenden Abschnitt näher beleuchtet werden. Welche Kunden entscheiden sich für mobiles Banking? Kann über die Zielgruppe eine pauschale Aussage getroffen werden oder nicht?

4.1 Alter

Bevor auf das Thema Alter bei der Nutzung von mobilem Banking eingegangen werden kann, sollte beleuchtet werden, wie sich die Nutzung mobiler Endgeräte auf die verschiedenen Altersgruppen verteilt. Nach einer Statistik von Bitkom nutzen derzeit (Stand 22. Februar 2018) acht von zehn Menschen in Deutschland ein Smartphone (Haas, 2018). Im August 2017 gab eine Statistik an, dass die Nutzer zwischen 14 und 29 (95%) und zwischen 30 und 49 Jahren (97%) den Hauptanteil ausmachen, Nutzer über 50 Jahren 88% und über 65 Jahren nur noch 41% (Lutter, Meinecke, Tropf, Böhm, & Esser, 2017), siehe Abbildung 6.

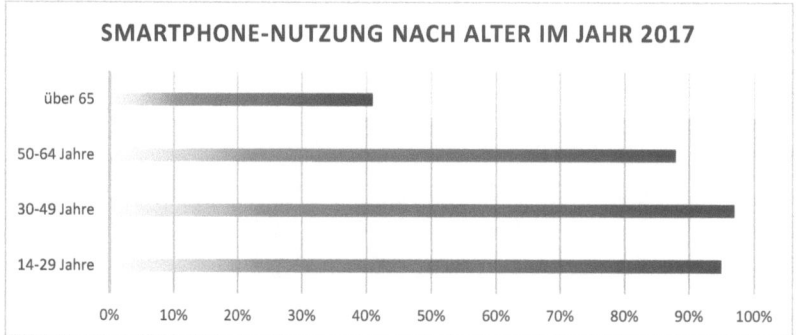

Abbildung 6: Smartphone-Nutzung nach Alter im Jahr 2017

Smartphones alleine machen die Mobilität der Internetnutzung nicht aus. Es fehlen Tablets, Laptops und Smartwatches in der Auswertung. Hierzu zeigt eine weitere Bitkom-Studie (Lohse, 2017), dass 2017 jeder Dritte bevorzugt mit dem Smartphone ins Internet geht, gefolgt von Laptop, Desktop-PC und Tablet. Immer mehr neue Anwendungen werden daher fast ausschließlich für den mobilen Markt entwickelt und vernachlässigen dabei die Desktop-Nutzung.

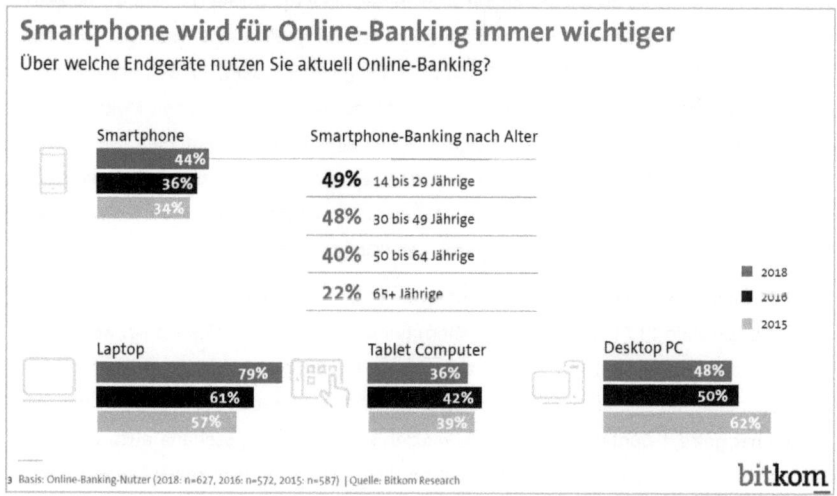

Abbildung 7: Bitkom-Studie zur Online-Banking Nutzung (Berg, 2018)

Für Online-Banking geben 14-29-Jährige zu einem Hauptanteil von 49% an, das Smartphone zu nutzen. Über 65-Jährige hingegen nur zu 22% (Abbildung 7). Die ältere Bevölkerung bevorzugt klar den Desktop-PC (EY, 2017), wie auf Abbildung 8 ersichtlich ist.

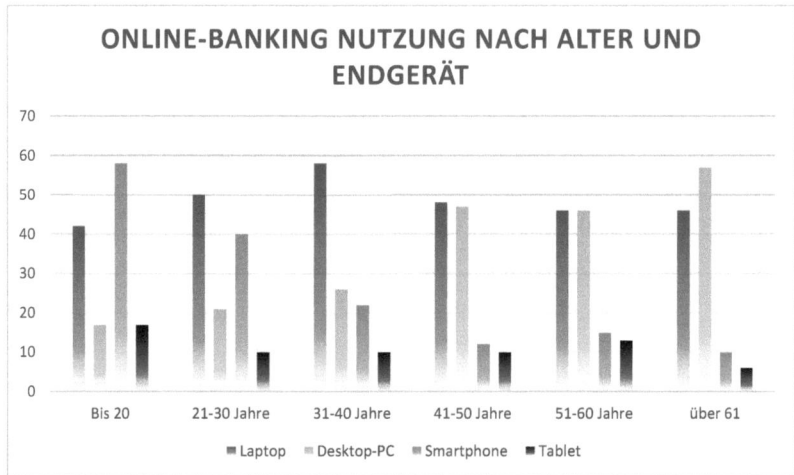

Abbildung 8: Online-Banking Nutzung nach Alter und Endgerät

Auf die Frage, ob digitale Technologien dabei helfen, die eigenen Finanzen zu optimieren, stimmten 33% der Befragten zu, wovon lediglich 11% über 65 und 36% 50-64 Jahre alt sind. Was könnte den Großteil der Befragten also daran hindern, Online-Banking zu nutzen? Hauptsächlich spielen Datenschutz und die Angst vor Kriminalität eine Rolle und wird von mehr als der Hälfte der Befragten als zu kompliziert angesehen (Berg, 2018). Daraus könnte man nun schlussfolgern, dass besonders ältere Menschen die technischen Möglichkeiten des mobilen Bankings nicht verstehen oder aber es als zu unsicher erachten. Sie sind im Gegensatz zu 14-29-Jährigen nicht mit dem Internet aufgewachsen und sehen es daher heute sicherlich auch nicht als selbstverständlich an. Um dem entgegen zu wirken bieten Banken Seminare zur Aufklärung für Senioren an (Klemm, 2015).

Mobiles Banking wird nach einer repräsentativen Studie von VuMA im Jahr 2017 von etwa 5% der Deutschen (3,71 Millionen Menschen) genutzt. Vergleichsweise wenig, wenn man bedenkt, dass 43% Online-Banking auf dem PC nutzen und 91% weiterhin den Geldautomaten aufsuchen (VuMA Touchpoints, 2018). Bei einer Studie, bei der die Teilnehmer gefragt wurden, ob sie sich vorstellen könnten, Bankgeschäfte auch über das Smartphone abzuwickeln, gab die Mehrheit an, kein Interesse zu haben (bbw Marketing, 2016).

4.2 Andere Gruppen

Betrachtet man weitere soziodemografische Faktoren, wie beispielsweise Geschlecht und Bildung, so kann aus eigener Erfahrung gesagt werden, dass diejenigen mit einer technischen Ausbildung oder eines technischen, insbesondere webbezogenem, Berufsfelds eher mobiles Banking nutzen als diese, die in anderen Branchen tätig sind.

Laut einer Statistik hatten 2016 weniger Frauen an mobilem Banking via Handy Interesse als Männer. Dabei möchten mehr Männer mobiles Banking gerne ausprobieren bzw. nutzen es bereits häufiger als Frauen (Abbildung 9).

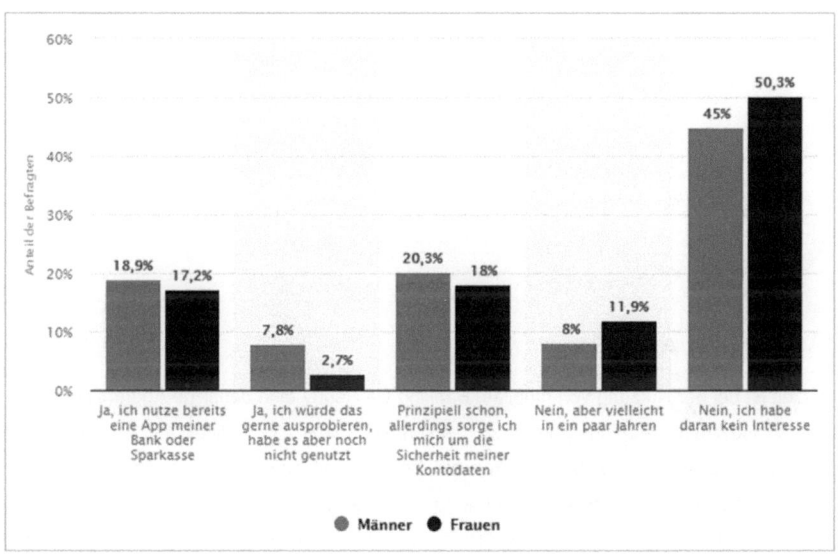

Abbildung 9: Geschlechtsspezifisches Interesse an mobilem Banking (bbw Marketing, 2016)

Bezogen auf die Bildung der Zielgruppe zeigt sich dort ebenfalls eine Tendenz. Befragte mit Abitur/Hochschulreife oder abgeschlossenem Studium haben mehr Interesse, bzw. nutzen mobiles Banking häufiger, als diejenigen mit einem Haupt-/Volksschulabschluss (Abbildung 10).

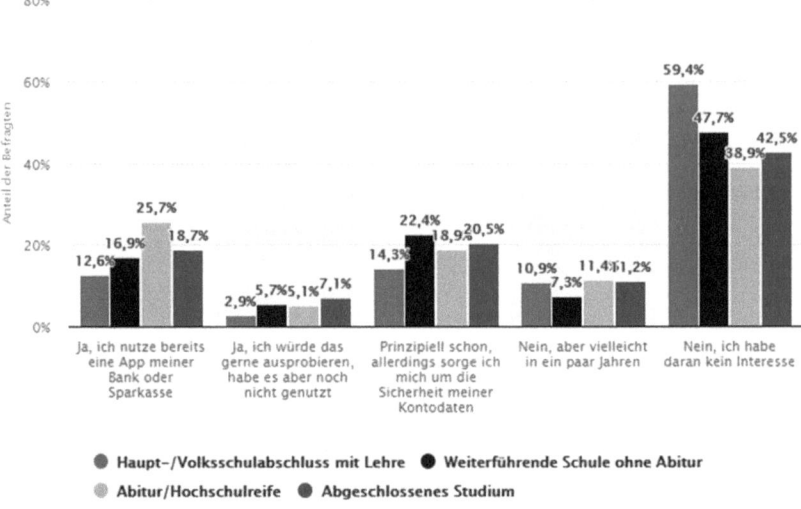

Abbildung 10: Bildungsspezifisches Interesse an mobilem Banking (bbw Marketing, 2016)

5 Fazit und Ausblick

Derzeit ist bei der Nutzung von mobilem Banking via Handy eine deutliche Abgrenzung der unterschiedlichen Altersgruppen zu erkennen, was in Hinblick auf andere soziodemografische Gruppen, bezogen auf Bildung und Geschlecht, weniger stark zur Geltung kommt. Besonders ältere Leute sind für den mobilen Zahlungsverkehr weniger bereit als die jüngere Generation. Dies liegt an diversen Kriterien zur Akzeptanz technologischer Innovationen. Ist man mit dem Internet und Handys aufgewachsen, fühlt man sich eher dazu affin, mobiles Banking zu nutzen. Diejenigen, für die der ständige virtuelle Kontakt mit dem Internet für beinahe alle Alltagsgeschäfte und Lebenslagen neu ist, werden Schwierigkeiten haben beim Zurechtfinden mit den neusten Errungenschaften der Technik.

Wartet man jedoch noch ein paar Jahre wird sich dieser Unterschied vermutlich ausgleichen oder im Falle weiterer Innovationen, aus denen die älteren Menschen herauswachsen, ähnlich verteilt sein.

In Anbetracht des aktuell, laut Studien, geringen Interesses an mobilem Bankings via Handy, stellt es derzeit noch keinen Vorteil für die Banken dar, den Fokus ihres Webdesigns auf mobile Endgeräte zu legen. Möchten sich die Banken auf keine altersspezifische Zielgruppe beschränken, ist es durchaus sinnvoll, ein responsives Webdesign anzubieten.

Damit ist die Frage, ob die Akzeptanz bezüglich Banking via Handy altersgruppenspezifisch ist, klar zu bejahen.

6 Literaturverzeichnis

Bank of Scotland. (2011). *Bei wie vielen Banken sind Sie insgesamt Kunde?* Abgerufen am 25.   Juni   2018   von   Statista: https://de.statista.com/statistik/daten/studie/189358/umfrage/anzahl-der-banken-bei-denen-deutsche-kunde-sind/

bbw Marketing. (2016). *Können Sie sich vorstellen Ihre Bankgeschäfte auch über das Smartphone abzuwickeln?* Abgerufen am 28. Juni 2018 von Statista: https://de.statista.com/statistik/daten/studie/666929/umfrage/umfrage-zum-interesse-an-der-nutzung-von-mobile-banking-in-deutschland/

bbw Marketing. (2016). *Können Sie sich vorstellen Ihre Bankgeschäfte auch über das Smartphone abzuwickeln?* Abgerufen am 25. Juni 2018 von Statista: https://de.statista.com/statistik/daten/studie/666961/umfrage/umfrage-zum-interesse-an-der-nutzung-von-mobile-banking-nach-geschlecht/

bbw Marketing. (2016). *Können Sie sich vorstellen Ihre Bankgeschäfte auch über das Smartphone abzuwickeln?* Abgerufen am 25. Juni 2018 von Statista: https://de.statista.com/statistik/daten/studie/666978/umfrage/umfrage-zum-interesse-an-der-nutzung-von-mobile-banking-nach-bildungsgrad/

Berg, A. (2018). Digital Banking Conference 2018. In Bitkom (Hrsg.), *Digital Banking*, (S. 2ff). Berlin. Abgerufen am 17. Juni 2018 von https://www.bitkom.org/Presse/Anhaenge-an-PIs/2018/Bitkom-Praesentation-Digital-Banking-07-05-2018-final.pdf

Consorsbank. (2018). *Wissen.* Abgerufen am 16. Juni 2018 von Consorsbank by BNP Paribas: https://wissen.consorsbank.de/

Davis, F. D. (1985). *A Technology Acceptance Model for Empirically Testing New End-user Information Systems: Theory and Results.* Massachusetts Institute of Technology.

Duden online. (o. J.). *Akzeptanz.* Abgerufen am 25. Juni 2018 von Duden online: https://www.duden.de/node/691042/revisions/1300851/view

Duden online. (o. J.). *Banking.* Abgerufen am 16. Juni 2018 von Duden online: https://www.duden.de/node/678953/revisions/1394883/view

EY. (2017). *Auf welchem Endgerät tätigen Sie Ihre Finanz-/Bankgeschäfte?* Abgerufen am 25.   Juni   2018   von   Statista: https://de.statista.com/statistik/daten/studie/728533/umfrage/umfrage-zu-genutzten-endgeraeten-fuer-das-online-banking-in-deutschland-nach-alter/

Haas, M. (2018). Bitkom Pressekonferenz. In Bitkom (Hrsg.), *Smartphone-Markt: Konjunktur und Trends.* Berlin. Abgerufen am 16. Juni 2018 von https://www.bitkom.org/Presse/Anhaenge-an-PIs/2018/Bitkom-Pressekonferenz-Smartphone-Markt-22-02-2018-Praesentation-final.pdf

Haupert, V. (2018). *Die fabelhafte Welt des Mobilebankings.* Abgerufen am 25. Juni 2018 von Chaos Computer Club e.V.: https://media.ccc.de/v/34c3-8805-die_fabelhafte_welt_des_mobilebankings

Klemm, T. (20. Februar 2015). *Rentner entdecken das Online-Banking für sich.* Abgerufen am 25. Juni 2018 von Frankfurter Allgemeine: http://www.faz.net/aktuell/finanzen/meine-finanzen/sparen-und-geld-anlegen/aelter-werden/rentner-entdecken-das-online-banking-fuer-sich-13438414.html

Kollmann, T., & Sjurts, I. (19. Februar 2018). *Mobile Commerce.* Abgerufen am 16. Juni 2018 von Gabler Wirtschaftslexikon: https://wirtschaftslexikon.gabler.de/definition/mobile-commerce-37243/version-260684

Königstorfer, J. (2008). *Akzeptanz von technologischen Innovationen: Nutzungsentscheidungen von Konsumenten dargestellt am Beispiel von mobilen Internetdiensten.* Saarbrücken: Springer-Verlag.

Lohse, A. (20. Februar 2017). *Jeder Dritte geht bevorzugt per Smartphone online.* Abgerufen am 17. Juni 2018 von Bitkom: https://www.bitkom.org/Presse/Presseinformation/Jeder-Dritte-geht-bevorzugt-per-Smartphone-online.html

Lutter, T., Meinecke, C., Tropf, T., Böhm, K., & Esser, R. (30. August 2017). *Zukunft der Consumer Technology - 2017.* (Bitkom, Hrsg.) Abgerufen am 17. Juni 2018 von Bitkom: https://www.bitkom.org/noindex/Publikationen/2017/Studien/2017/CT-Studie/170901-CT-Studie-online.pdf

Meinecke, C., & Carius, L. (28. August 2017). *Mobile Banking wird zum Standard.* Abgerufen am 16. Juni 2018 von Bitkom: https://www.bitkom.org/Presse/Presseinformation/Mobile-Banking-wird-zum-Standard.html

Metzger, J. (19. Februar 2018). *Mobile Zahlungen.* Abgerufen am 16. Juni 2018 von Gabler Wirtschaftslexikon: https://wirtschaftslexikon.gabler.de/definition/mobile-zahlungen-41655/version-265016

Sauer, A., Luz, F., Suda, M., & Weiland, U. (2005). *Steigerung der Akzeptanz von FFH-Gebieten.* Bonn: Bundesamt für Naturschutz. Abgerufen am 25. Juni 2018 von https://www.bfn.de/fileadmin/MDB/documents/skript144.pdf

SBM Bank Mauritius. (2017). *SMS Banking.* Abgerufen am 16. Juni 2018 von SBM Bank Mauritius: https://banking.sbmgroup.mu/product-and-services/sms-banking

Schäfer, M., & Keppler, D. (2013). *Modelle der technikorientierten Akzeptanzforschung.* Berlin: Zentrum Technik und Gesellschaft (Technische Universität Berlin). Abgerufen am 25. Juni 2018 von https://www.tu-berlin.de/fileadmin/f27/PDFs/Discussion_Papers/Akzeptanzpaper__end.pdf

SIZ GmbH. (2018). *FinTS.* Abgerufen am 25. Juni 2018 von http://www.hbci-zka.de/index.htm

Sparda-Bank Nürnberg eG. (2018). *Girokonto online eröffnen.* Abgerufen am 16. Juni 2018 von Sparda-Bank Nürnberg eG: https://www.sparda-n.de/online-service-girokonto-online

Christine Mitsch   Wahrnehmungs- und Medienpsychologie
Fachhochschule Lübeck
„Banking via Handy: Akzeptanz altersgruppenspezifisch?"   Sommersemester 2018

VuMA Touchpoints. (2018). *Konsumenten punktgenau erreichen - Basisinformationen für fundierte Mediaentscheidungen.* Arbeitsgemeinschaft Verbrauchs- und Medienanalyse. Abgerufen am 17. Juni 2018 von https://www.vuma.de/fileadmin/user_upload/PDF/berichtsbaende/VuMA_Berichtsba nd_2018.pdf

7 Abbildungsverzeichnis